Emanuel Schikaneder

Der Höllenberg, oder Prüfung und Lohn

Eine große heroisch-komische Oper in 2 Aufzügen

Emanuel Schikaneder

Der Höllenberg, oder Prüfung und Lohn
Eine große heroisch-komische Oper in 2 Aufzügen

ISBN/EAN: 9783743403413

Hergestellt in Europa, USA, Kanada, Australien, Japan

Cover: Foto ©Thomas Meinert / pixelio.de

Manufactured and distributed by brebook publishing software (www.brebook.com)

Emanuel Schikaneder

Der Höllenberg, oder Prüfung und Lohn

Der Höllenberg,

oder:

Prüfung und Lohn;

Eine
große heroisch-komische Oper
in zwey Aufzügen.

Verfaßt
von Herrn Emanuel Schikaneder.

In Musik gesetzt
von Herrn Joseph Wölfl,
Schüler weiland des Herrn Kapellmeister Mozarts
in Wien.

Personen:

Nermenos, König einer Insel.
Batto, gewesener Höfling und Maler.
Klingklang, ein reisender Musikus.
Harmonesus, ein vom Hofe verbannter Magier.
Mylia, Tochter des Harmonesus.
Nierra, Weib des Klingklang, ⎫
Nowara, ⎬ in Harmonesus Diensten.
Polema, ⎭
Eine unbekannte Dame.
Zwey Knaben in ihrem Gefolge.
Zwey Knaben der Nierra.
Vier Höflinge.
Philophagus, ein Koch.
Omophorus, ein Kellner.
Zwey Mammons.
Ein Schatten.
Vier Geister.
Chor von Landleuten.

Die Szene ist theils im Innern des Höllenbergs, theils in der benachbarten Königlichen Burg.

Erster Aufzug.
Arie.
Klingklang.

Lalala! lalala!
Wer nicht viel hat, der trägt nicht schwer,
Und ist auch gleich mein Beutel leer,
Mit frohem Muth und ohne Geld,
Kommt man recht lustig durch die Welt, Tralala!

lalala! lalala!
So lang es noch ein Mädchen giebt,
Das ihre Nebenmenschen liebt,
So lange hat es keine Noth,
Sie giebt mir schon ein Stückchen Brod. Tralala!

Duett.

Klingkl. Nie mußt du viel dem Glücke trauen,
Das Unglück tragen als ein Mann;
Aufs Geld nie deine Hofnung bauen,
Sonst bist du oft gar übel dran.
Batto. Doch, wenn uns Durst und Hunger plagen,
Und beides man nicht stillen kann?
Klingkl. So muß man eine Bitte wagen,
Man trift ja gute Menschen an.

Beide. Man muß im Unglück nicht verzagen,
  Man trift viel gute Menschen an.
Klingkl. Hörst du das Sprudeln jener Quelle?
  Sie sagt: Kommt her, erquicket Euch.
Batto. Ihr Murmeln labet meine Seele,
  Ihr Wasser stärke uns sogleich.
  Welche Kraft es mich gießet,
  Beßer als ein Zyperwein.
Klingkl. Ha, das sprudelt, ha, das fließet!
  Ha, das sprudelt süß hinein.
Beide. Ha, die Welt ist auserlesen,
  Gut und schön ist die Natur,
  Sie erquicket jedes Wesen,
  Sie bethauet Wald und Flur.

Chor
von unsichtbaren Stimmen.

Schon schlägt die Geisterstunde,
Ihr Wandrer, horchet auf.
Aus fürchterlichem Schlunde,
Steigt ihre Schaar herauf.
Legt Euch zur Ruh, der Orkus droht,
Denn sonst ist Eure Loosung: Tod.

Terzett.

Mylia. Polema. Nowara.

Schlafet wohl, und schlafet süße,
Mit dem ersten Sonnenblick,
Wecken Euch des Liebchens Küße,
Ihr erwacht zu Eurem Glück.

Eure Seufzer, Eure Sorgen,
Schwinden mit dem nächsten Morgen,
Liebe lächelt Euch gewiß,
Schlafet wohl, und schlafet süß.

Arie.

Mylia. Zwar ist mein Vater schon ein Greis,
Der sich zum Grabe neiget,
Sein Haar ist dünn und silberweiß,
Sein Körper tief gebeuget.
Doch ist sein Herz so sanft und mild,
Er reicht die Vaterhand,
Und ist der Gottheit Ebenbild,
Schäzt Tugend und Verstand.
Mein guter Vater ist mein Freund,
Den ich als Freundin liebe,
Wers gut mit meinem Vater meint,
Der kennt der Tugend Triebe.
Dann seh ich an des Edlen Hand
Geknüpft ein schönes Freundschaftsband.

Arie.

Klingkl. Der guten Mädchen sanftes Herz,
Reizt keine Schmeicheley;
Sie lieben niemals nur zum Scherz,
Sind einem Mann getreu;
Die Tugend sorgt für ihre Ruh,
Denn edel ist ihr Ziel;
Sie decken ihren Busen zu,
Sie trauen nicht zuviel.

Doch sagt man: Guten Tag, mein Kind!
Und bleibt von Ferne stehn.
So sind sie freundlicher gesinnt,
Und sagen: Danke schön!
Doch kommt ein keckes Mannsgesicht,
So sagt sie: laß mich gehn!
Und läßt beschämt den armen Wicht,
Mit langer Nase stehn.

Terzett.

Mylia. Freunde, folget meinen Schritten,
    Bannet jede Furcht von Euch.
Batto. Ja, wir folgen deinen Schritten,
    Freude macht uns Helden gleich.
Klingkl. Nein, nein, nein, ich bin kein Esel,
    Geht hinein — ich bleib heraus,
    Denn die saubern Bolognesers,
    Speißten mich zum Abendschmaus.
Mylia. Batto. Freund, so komme.
Klingkl. Nein, ich bleibe.
Mylia. Batto. Sag, was fürchtest du bey mir?
Klingkl. Auweh! Sieh die Klauen strecken,
Mylia. Batto. Sey beherzt, ich bin bey dir.
Klingkl. Auweh! Sieh die Zähne bläken,
Mylia. Batto. Sey beherzt, ich bin bey dir —
    Sieh, wie zahm die Thierchen scherzen,
    Wie ihr Herz nach dir begehrt.
Klingkl. Zuviel Ehre meinem Herzen,
    O ich bin der Ehr nicht werth.
Mylia. Batto. Sieh, sie wollen dir nicht schaden,
    Küßen beyde Hände dir.

Klingkl. Das sind Gnaden über Gnaden,
　　　　Angstschweiß treibt dies Glück aus mir.
Mylia. Bleibst du hier noch lang in Zweifel,
　　　　O so freßen sie dich auf.
Klingkl. Warum führte mich der Teufel
　　　　Auf den Höllenberg hinauf.
Mylia. Batto. Sieh, der guten Thierchen Liebe,
　　　　Sieh, sie laßen dich nicht aus.
Klingkl. Ach, die allzugroße Liebe,
　　　　Preßt mir Freudenthränen aus.
Mylia Batto. Nun, so komme!
Klingkl. Ja, ich komme.
Mylia. Ohne Furcht kommt nur herein.
Klingkl. Batto. Ohne Furcht gehn wir hinein.
Mylia. Dort in jener Pyramide,
　　　　Wohnet Ruh und ew'ger Friede.
Alle Dreye. Goldne Ruh, durch dich allein,
　　　　Kann der Mensch zufrieden seyn.

Duett zweyer Mammons.

　　Wer unsern Schaz begehret,
　　Und Gold und Silber ehret,
　　Der füll die Säcke an,
　　Und braucht er Millionen,
　　Und braucht er Billionen,
　　Und braucht er Trillionen,
　　So ist er unser Mann.

　　Ihr Herren gleichet beyde,
　　Dem Ochs und Eselein,
　　Macht euch das Gold nicht Freude,
　　So müßt ihr Esel seyn.

Duett.

Polema. Nowara.

Ach! wer löscht die Liebesflammen,
Jede Nerve glüht und sticht.
Ach, sie trennen euch zusammen,
Und mein Leiden rührt euch nicht.
Ihr dürft nicht so grausam scheinen,
Gebt ihr Herr'n mir einen Kuß,
Ach nur einen — einen Kuß.

O du Engelschöner Mann,
Schließe fest dich an mich an.

Daß sie beyde Männer wären,
Bildet' ich mir anfangs ein,
Doch — es sind zween wilde Bären,
Laßt die Bären, Bären seyn.

Duett.

Koch. Kellner.
Nur lustig und munter, ihr Brüder,
Ihr kriegt so ein Leben nicht wieder.

Koch. Eßt Schnepfen, Fasanen und Braten,
Rebhüner, Pasteten, Ragout.

Kellner. Trinkt Mosler, Burgunder, Muskaten,
Tokaier und Rheinwein dazu.

Beide. Kommt, Brüder! und kehret bey uns ein,
Vortreflich sind Speisen und Wein.

Hahaha! hahaha! hahaha!
Ihr seyd zwar von vier Elementen,
Wie jedes Geschöpfe erzeugt.
Doch kann man nichts menschliches finden,
Weil Stroh im Gehirne sich zeigt.
Ihr seyd auf der Erde nur Thiere,
Im Waßer nur Stockfisch genannt;
Und in der Luft seyd ihr nur Gimpel,
Im Feuer als Stöcke bekannt;
Ihr habt ja, wir bleiben dabey,
Im Hirne nur Stroh und nur Heu.

Terzett.

Mylia. Wie? Also warst du Vater schon?
Und bist vom Weib und Kind geflohn?
Batto. Harmonesus.
O sprich nicht so, halt ein!
Mein⎫
Sein ⎬ Herz ist gut und rein.

Mylia. Du kennest dieses Weib?
Du kennest ihre Kinder?
Batto. Harmonesus.
Ich kenne ⎫
Er kennet ⎬ dieses Weib,
Ich kenne ⎫
Er kennet ⎬ ihre Kinder,
Nie waren wir⎫
Er war ja   ⎬ vereint,
Denn ich war⎫
Denn er war ⎬ nur ihr Freund.

Mylia. Ich kränkte dich wohl sehr,
  Doch es geschieht nicht mehr.
Alle Drey. Wer auf Verführung denket,
  Und Weib und Kinder kränket,
  Vom Mann die Gattinn trennt,
  Wird Bösewicht genennt.
Batto. Der Freundschaft heil'ge Triebe,
  Die sprechen mich ja frey.
Harmon. Der Freundschaft heil'ge Triebe,
  Die sprechen dich ja frey.
Mylia. Ich schätze Freundes Liebe,
  Und liebe dich aufs neu.

Finale.

Harmon. Also fort vom Höllenberge,
  Tretet schnell die Reise an.
Klingkl. Ach, mir stehn die Haar zu Berge,
  Mir steht diese Reis' nicht an.
Harmon. Mädchen werden dich begleiten,
  Ueberall sind sie dabey.
Klingkl. Ja, die könnte ich schon leiden,
  Wär der Bär nur nicht dabey.
Polema. Nowara.
  Lieber Klingklang, sey nicht bange,
  Unsre Reis' wird lustig seyn.
Harmonesus mit Allen.
  Sie sind bey dir, sey nicht bange,
  Eure Reis' wird lustig seyn.
  Wir sind bey dir, sey nicht bange,
  Unsre Reis' wird lustig seyn.

Polem u. Nowara.
    Wird uns dann die Zeit zu lange,
    So nimmst du dein Spiel hervor,
    Und bey lustigem Gesange,
    Singen, tanzen wir dir vor.
Mylia. Glücklich mög' es euch ergehen,
Tatto. Lebet wohl, wir danken schön,
Harmon. Bis wir froh uns wiedersehn.
Polema. Gut wird's gehen, das seht ihr ja,
Nowara. lalala! lalala!

Recitativ.

Nermen. Groß macht mich mein Gefühl als
            König,
    Und doch ist mein Bedürfniß klein;
    Ich fodre von dem Schicksal wenig,
    Das Glück: bey Menschen froh zu seyn,
    Der König hat nicht einen Freund,
    Der's treu mit seinem Schicksal meint.
    Ich würde leicht mein Leiden tragen,
    Könnt' ich es einem Menschen klagen.

Arie.

    Denk' ich der Gattin wieder,
    Die ich durch Zwang verlor,
    So beben mir die Glieder,
    Das Haar steigt mir empor.
    Ich hör das Flehn der Armen,
    Ich hör' ihr Angstgeschrey,
    Ich fühlte kein Erbarmen,
    Verstieß sie alle Drey;

Ach! ich verdammte sie zum Tod,
Und hörte nicht auf ihre Noth;
Ach, wenn sie schuldlos wäre,
Dann wehe! — wehe mir!
Dann rächt mit aller Schwere,
Der König sich dafür.
Weil euer Trug dem Herzen,
Das Herz der Göttin stahl,
Verläumder, fühlt die Schmerzen
Mit tausendfacher Quaal.

Erst. Höfl. Mein König, deine Braut ist da,
Sie ist schon dem Pallaste nah.

Nermen. Nun wohl, so gehet ihr entgegen,
Empfangt sie eilig meinetwegen.

Zweit. Höfl. Mein Herr! die Braut ist schon
zugegen,
Sie wünschet eilig dich zu sehn.

Nermen. Es ist mir jetzt nicht recht gelegen,
Ich bin nicht wohl, kann sie nicht sehn.

Drit. Höfl. Sie ist die schönste unter allen,
Ihr Auge stralet Flammenglut,

Nermen. Ja wohl, sie darf nur euch gefallen,
So ist schon alles recht und gut.

Viert. Höfl. Wo ist der König? Wo? Wo?

Alle drey Höflinge.
Hier, hier! —

Viert. Höfl. O König! freudig meld' ich dir,
Die holde Braut wird dich erfreun,
Sie ist so sanft, so engelschön,
Wird alle Sorgen dir zerstreun,
O komm doch nur, um sie zu sehn.

Alle Höfl. O komm doch nur, um sie zu sehn.
Nermen. Auch, meine Gattin war nicht minder,
   Vom hohen Reiz und engelschön,
   Sie ist dahin — und meine Kinder!
   Ach! niemals werd' ich sie mehr sehn!
Alle Höfl. Was ist's? Er blickt so trüb und
   schwer.
Nermen. Ach, meine Gattin ist nicht mehr!
Höflinge. Die Gattin nennt er immerfort.
Nermen. Und keine Kinder seh ich mehr.
Höflinge. Und von der Braut spricht er kein
   Wort,
   Komm, großer König, komm zur Freude,
   Die schöne Braut erwartet dich.
Nermen. Für mich giebts nie mehr eine Freude,
   Nach meiner Gattin sehn' ich mich.
Höflinge. So wird er sie einst schuldlos wißen;
   So wartet unsrer Todesquaal.
Nermen. War sie mir treu, so sollt ihr büßen
   Mit schreckenvoller Todesquaal.
Polema. Nowara.
   Sey uns zu tausendmal willkommen,
   Wenn du der König bist allhier, —
   Wir sind vom Höllenberg gekommen,
   Und bringen schöne Früchte dir.
   Bey uns ist Wonne, Freud und Lust,
   Die Arbeit heitert unsre Brust,
   lalala, lalala, lalala.
Nermen. Wie? Was? Vom Höllenberg seyd
   ihr?

Polema. Ja, ja, vom Höllenberg sind wir.
Nermen. Und solche Menschen wohnen dort?
Nowara. Ja, gute Menschen wohnen dort,
 Es sagen zwar die bösen Leute,
 Die Teufel hätten dort ihr Spiel,
 Dies lügen sie aus Schadenfreude,
 Uns zu verläumden ist ihr Ziel.
 Die Ruhe herrscht in unserm Reich,
 Nicht Neid und Zwietracht, wie bey euch.
 lalala, lalala, lalala.
Höflinge. Ihr Unverschämten, wollt ihr schweigen!
 Sonst wird man euch die Wege zeigen,
 Wir bitten, König, kommt sogleich,
 Die schöne Braut erwartet euch.
Polema. Nowara.
 Willst du dich, König, gnädig zeigen,
 So iß die Früchte ganz allein.
 Den Narren zeigen wir die Feigen,
 Du bist nur unser Herr allein,
 lalala, lalala, lalala.
Höflinge. Auf, rächet diese Spötterey!
Nermen. Ich will, man laße beide frey!
Polema. Nowara.
 Du wirst dich gnädig zu uns neigen,
 Hier kam noch einer mit uns her,
 Er will dir etwas schönes zeigen.
Nermen. Wer bist du? Und wo kommst du her?
Klingkl. Vom Höllenberg komm ich zu dir,
 Und bringe dir was Neues hier.

Nermen. Sag' an, wer schickte dich zu mir?
Klingkl. Ein alter Bauersmann,
Der viele Künste kann,
Er macht die Teufel krumm und grad,
Giebt guten Menschen guten Rath,
Er schickt mich als Ambaßadeur,
Mit einem Meisterstücke her,
Aus dieser Ursach bin ich hier,
Und zeige dieses Kunststück dir.
Nermen. Wie? Was? Meiner Gattin Bild
vor mir?
Und meine Kinder, wehe mir!
Ach, diese Trauerscene,
Erneuert meinen Schmerz,
Ihr bohret ohne Thräne,
Den Stahl durch dieses Herz.
Klingkl. Begucken's andre Leut,
So zeigt man dieses da.
Höflinge. Hahaha! hahaha!
Nermen. Ihr lacht bey meinem Leibe,
Verhöhnet meine Qual?
Seht, sie war meine Freude,
Erbebt ihr Memmen all'.
Höflinge. Der König ist verrückt,
Er phantasiret ja.
Nermen. Seyd ihr gerecht, so blickt
Dies Bild voll Treue an.
Klingkl. Begucken's andre Leut,
So zeigt man dieses da.
Höflinge. Hahaha! hahaha!

Nermen. Ha, Teufel aus der Hölle,
  Entlarvt ist euer Herz.
  Ihr büßt mir auf der Stelle,
  Mit tausendfachem Schmerz.
Polema. Nowara.
  Du mußt jezt mit uns gehen,
  In Höllenberg hinein.
  Laß diese Narren stehen,
  Sie werdens schon bereu'n.
Nermen. Ich folge euch zur Stelle,
  Und gieng's durch Todespein,
  Und gieng' es durch die Hölle,
  Ich werde standhaft seyn.
Höflinge. Der König ist verrückt,
  Er phantasiret ja.
Polema. Nowara.
  Er folge uns zur Stelle ꝛc. ꝛc. ꝛc.
Höflinge. Verbrennen auf der Stelle,
  Soll man dies Hexenband,
  Der Teufel aus der Hölle,
  Hat sie uns her gesandt.
  Kommt Brüder, laßt uns gehn,
  Und nach dem König sehn.
Nermen. Polema. Nowara. Klingklang.
  Der Höllenberg ist jener dort,
  Bald sind wir schon am Ziel und Ort.
Nermen. Ach, dieses Feuer, diese Flammen,
  Betäuben schrecklich mein Gesicht.
Polema. Nowara. Klingklang.
  Nur Muth, wir bleiben ja beysammen,
  Das, was du siehst, erreicht uns nicht.

Nermen. Wohlan! So lasset uns nun gehn,
Mein Leben steht in eurer Hand.
Polema. Nowara. Klingkl.
Ja, König, laß uns weiter gehn,
Mein Leben sey dein Unterpfand.
Alle Höflinge. Ach bleib, wir lassen dich nicht
gehn,
Nermen. Zurück, Verräther! laßt mich gehn,
Polema. Nowara.
Entweiche gleich, wir bitten dich,
Höflinge. Ach bleib, wir lassen dich nicht reisen,
So wahr wir treu und redlich sind.
Polema. Nowara.
Wir wollen unsre Kraft euch weisen,
Seyd nun auf beyden Augen blind.
Höflinge. Haut diese Brut auf tausend Stücke,
Ach, uns umschleyert Todesnacht,
Umhüllt sind plözlich meine Blicke,
Ich fühle schon des Todes Macht.
Polema. Nun findet ihr nicht mehr zurücke,
Nowara. Euch fesselt unsre Zaubermacht.
Erloschen sind der Augen Blicke
Durch unsrer Sterne Wundermacht.
Nermen. Dies ist die Strafe eurer Tücke,
Euch trift des Todes finstre Nacht.
Der Rache süße Augenblicke
Empfinde ich durch Zaubermacht.

Zweiter Aufzug.

Terzett.

Harmon. Wenn ich meine Flur begieße,
Ist mein Herz so frey und groß,
Jede Ader wallet süße,
O Natur in deinem Schoos.
Hier genieß' ich froh mein Leben,
Wo kein Rang die Seele nagt,
Wo mich Menschen froh umschweben,
Und kein Stadtgeräusch mich plagt.
Mylia. Wirst du mich denn ewig lieben?
Batto. Ewig — ewig lieb' ich dich.
Beide. Ach! mit nie empfundnen Trieben,
Liebte ich gleich anfangs dich.
Laß uns den Vater grüßen,
Froh ist er und vergnügt.
Er soll sogleich es wißen,
Was uns am Herzen liegt.
Mein Vater, guten Morgen!
Harmon. Ach, Kinder! guten Morgen!
Begrüßt ihr schon die Sonne,
Bey ihren ersten Stralen?
Mylia. Batto.
Wir danken ihr voll Wonne,
Für Freuden ohne Zahl.
Alle Drey. Wer diesen Himmelsspiegel ehrt,
Ist aller ihrer Freuden werth.

Mylia. Batto. Mein Vater, wenig konnt' ich
     schlafen,
Harmon. Wie? Wenig schlafen konntet ihr?
   Was machte eure Ruhe trübe?
Mylia. Batto. Mich weckte die — die —
     die — die —
Harmon. Die — die — die — die — die
     was die?
Mylia. Batto. Mich weckte die — die Liebe.
Harmon. Ha! kam das Hauptwort doch dazu,
   Die Liebe ließ euch keine Ruh.
Mylia. Nein! Batto. Ja! Mylia. Ja!
     Batto. Nein!
Harmon. Nein! Ja! Ja! Nein.
Mylia. Batto. Wir beide lieben uns so rein.
Harmon. Nehmt meinen Seegen obendrein.
Mylia. Batto. O Vater } welch ein Glück
    Freund
  Gewährt uns dieser Augenblick.
Alle Drey. Wenn Väter ihre Kinder segnen,
  Und Kinder dankbar ihm begegnen,
  Dann folgt den Seegen Glück und Heil,
  Das guten Kindern wird zu Theil.

Recitativ.

Batto. Ich soll, ich muß jezt fort,
 Von Mylia mich scheiden,
 Muß ihren Vater meiden,
 Der nun mich liebt, wie seinen Sohn.

Was nüzt die Tugend, wenn die Arglist
sie berücket,
O König, hätteft du in dieses Herz geblicket,
Dein Herz vergönnte mir der Tugend lohn.

Arie.

Hier schlägt ein Herz voll Treue,
Mit Folgsamkeit vereint,
Ich fühl der Tugend Weihe,
Und bin dem Laster Feind.
Doch leb' ich unzufrieden,
Denn ich bin ganz allein.
Von Mylia geschieden,
Ist mehr als Todespein.
Vielleicht ist's Prüfung, gute Götter!
Ob ich wohl werde standhaft seyn?
Vielleicht seyd ihr der Unschuld Retter,
Vielleicht wird Mylia dann mein.
Die Hofnung dieser Wonnezeit,
Ist namenlose Seligkeit.

Quintett.

Harmon. Hervor aus dem Dunkel, ihr dienst-
barn Geister,
Entreißt euch der ewig euch deckenden
Kluft,
Zeigt euch diesem Manne, ihr mächti-
gen Geister,
Durch Waßer und Feuer und Erde und
Luft!

Vier Geister. Stets dienen wir mit Freuden dir,
Sag' an, was forderst du von mir?
Harmon. Sagt an, wer ist denn dieser Mann?
Vier Geister. Es ist ihm alles unterthan,
Er ist das Schrecken seiner Feinde,
Und seiner Unterthanen Glück,
Was die Natur in ihm vereinte,
Das siehst du hier im Augenblick.
Blick auf! blick auf! blick auf!
Die dunkle Hülle fliegt hinauf,
Dein guter König zeigt sich dir,
Der Vater seines Volks ist hier.

Rondo.

Mylia. Wo gute Fürsten thronen,
Da herrschet Glück und Heil,
Und allen, die da wohnen,
Wird Seegen nur zum Theil.
Für seine Vatertreue
Laßt uns ihm dankbar seyn,
Laßt täglich uns aufs neue
Ihm Kinderliebe weihn.

Arie.

Nierra. Ein Beyspiel sey euch meine Rache,
Wie ichs den falschen Männern mache,
Ich will ihm bey den Haaren reißen,
Ich will ihm in die Nase beißen,
Ich will die Untreu ihm verleiden,
Die Ohren ihm herunter schneiden,

Ich kraz' ihm ins Gesicht hinein,
Und schlage ihm die Zähne ein,
Hab' ich ihn dann recht zugericht
So lache ich ihm ins Gesicht. Hahaha.

Terzett.

Klingkl. Hab' ich Brod in meiner Tasche,
Einen guten Freund dabei,
Und rein Wäßer in der Flasche,
O, so bin ich froh und frey.

Doch weit beßer wär ein Braten,
Und dazu ein Gläschen Wein,
Muß ich aber dies entrathen,
O so geb ich mich darein.

Polema. Nowara.
Freund! die Tafel ist gedeckt,
Komm, und eße was dir schmeckt,
Iß Pasteten, Braten, Torten,
Trink dazu den besten Wein.
Ich probiere alle Sorten,
Und versuche jeden Wein.

Duett.

Kinder der Königin.

Kaum hatten wir das Licht der Welt erblickt,
So war Verzweiflung unser Loos,
Auch unsre Mutter wurde sehr gedrückt,
Man stellte sie den Feinden blos.
Man schwang die Dolche über unser Haupt,
Man schwur uns dreyen schon den Tod,

Doch hat die Gottheit dieses nicht erlaubt!
Sie schützte uns in unsrer Noth,
Nun wandern wir als arme Waisen fort,
Und meiden unser Vaterland.
Wir suchen Schutz an einem fremden Ort
Und dulden muthig, Hand in Hand.
Rollt auch der Mutter eine Thräne dann,
Von dem verwais'ten Aug' herab,
So blicken wir sie beide zärtlich an,
Und trocknen ihre Thränen ab.
O wüßte doch der gute Vater nur,
Der unschuldvollen Gattin Pein;
So folgte er der Regung der Natur,
So würde er gewiß bereu'n!

Arie.

Nermen. Des Thrones Glanz, der Krone
Strahlen,
Scheint manchem zwar ein Glück zu seyn!
Er fühlte nie des Thrones Quaalen,
Er fühlte nie der Krone Pein.
Weit beßer lebt in stiller Hütte,
Der Landmann fern vom Glückesschein,
Bey Weib und Kindern in der Mitte
Schläft er ganz sanft und ruhig ein.

Duett.

Nylia. Wirst du dich nur galant betragen,
So fängt dein Glück bey Schönen an.
Klingkl. Du darfst ja nur die Weiber fragen,
Stets war ich ein galanter Mann.

Mylia. Sagt eine: Du bist mein Vergnügen.
Klingkl. So sag' ich: Du bist meine Lust.
Mylia. Und wird sie dir in Arm sich schmiegen.
Klingkl. Dann drück' ich sie an meine Brust.
Beide. Durch Zärtlichkeit und Artigseyn,
    Schleicht Liebe sich ins Herz hinein.

Quartett.

Nierra. Nun peitschet mit Ruthen, den schänd-
           lichen Mann,
    Er soll dafür büßen, was er mir gethan.
Polema. Nowara.
    Wir peitschen mit Ruthen, den schänd-
           lichen Mann,
    Er soll dafür büßen, was er dir gethan.
Klingkl. Ich kann nichts mehr sehen, kaum
           lebe ich noch,
    Wie wird es mir gehen? Erbarmet euch
           doch!
Drey Weiber. Willst du dich bekehren?
Klingkl. O weh! ja, ja, ja!
Drey Weiber. Die Liebe entbehren?
Klingkl. O weh! Nein! ach ja!
Drey Weiber. Brichst du dein Versprechen,
    So geht es dir schlimm,
    Wir werden uns rächen,
    Mit weiblichem Grimm,
    Wir werden dich binden,
    Mit Ketten und Strick,
    Das sollst du empfinden,
    Wir machen dich

Recitativ.

Harmon. Bald neigt die Sonne sich,
Bald zeiget sich die Nacht,
Dann ist mein Tagewerk vollbracht,
Bald bringt es zu des Königs Ohren,
Daß ich als Unterthan ihm ew'ge Treue
hab geschworen.

Arie.

Dem Fürsten treu zu bleiben,
War stets mein Losungswort,
Der Menschheit Wohl betreiben,
Belohnt uns hier und dort.
Wer nicht dies Glück fühlt täglich neu,
Weiß nicht, was Bruderliebe sey.
O möchten alle fühlen,
Das Glück der Einigkeit,
Sie würden alle zielen,
Nach dieser Seligkeit.
Dann wär die Erd' ein Himmelreich,
Durch Menschenliebe alles gleich.

Arie.

Klingel. Ihr Männer seyd nicht wie der Wind,
Seyd euerm Liebchen treu,
Sonst werdet ihr am Ende blind,
Habt Schand und Spott dabey.
Ach hütet euch vorm Liebesstrick,
Sonst trügt ihr auch sic! sic!

Der Mann ist oft wie eine Maus,
Die Katze spielt das Weib,
Und kaum ist er zum Haus hinaus,
So hat sie ihm beym Leib.
Dann packt sie ihn im Augenblick,
Macht mit den Pfötchen, fick! fick!

Finale.

Nermen. Du Edler, sonder gleichen,
Du hast ein gutes Herz,
Ich will die Hand dir reichen,
Mich rührt dein bittrer Schmerz.

Klingkl. Für dieses höchste Glücke,
Sey dir der Götter Lohn,
Ach solche Augenblicke,
Versüßen Qual und Hohn.

Nermen. Dein König will dich führen,
Als Vater und als Freund,
Dies Schauspiel wird dich rühren,
Weil ich es gut gemeint.

Klingkl. Mein König wird mich führen,
Als Vater und als Freund,
Dies Schauspiel muß mich rühren,
Weil er es gut gemeint.

Mylia. Sieh dort den König gehen,
Komm, holen wir ihn ein,
Ich will es ihm gestehen,
Daß ich dich lieb' allein.

Batto. Ach, laß mich lieber gehen,
 Mein Unglück fodert dies,
 Wird mich der König sehen,
 So ist mein Tod gewiß.
Mylia. Begieng'st du ein Verbrechen?
Batto. O nein! das that ich nicht,
 Und doch kann ich nicht sprechen,
 Was mir am Herzen liegt.
 Laß mich alleine leiden,
 Vergiß mich, lebe wohl!
Mylia. Ich lasse dich nicht scheiden,
 Ich will kein Lebewohl!
Batto. Laß mich alleine scheiden,
 Vergiß mich, lebe wohl!
Harmonesus. Klingklang.
 Komm, Freund, wir wollen gehen,
 Zum König führ ich dich.
 Wird er dich schuldlos sehen,
 So siegst du sicherlich.
Mylia. Ich werde mit euch gehen.
Harmon. Das kann noch nicht geschehen.
 Führ du den blinden Ehemann,
 Zum goldnen Bach, geschwind,
 Benetze seine Augen dann,
 So sieht er Weib und Kind.
Batto. Leb wohl, mein Alles, lebe wohl!
Mylia. Leb wohl, mein Alles, lebe wohl!
Mylia. Batto. Harmonesus.
 Nur ein paar Augenblicke Zeit,
 So lacht uns Amors Seeligkeit.

Recitativ.

Nermen. Wie? Harmonesus noch nicht hier?
Wie er so lange weilt, mein Schicksal
mir zu sagen!
Was war das? Trauertöne! Klagen!
So bang, so ängstlich pocht's in mir!
Hu! welche kalte Hand fuhr mir über
mein Gesicht.
Harmonesus! Harmonesus! Harmo-
nesus!
Komm, dein König ruft, verlaß ihn nicht.

Harmon. Mein König, was ist vorgegangen?
Die Furcht entfärbet deine Wangen.

Nermen. Ich hörte erst Posaunentöne,
Ich hörte klägliches Gestimme,
Mein Schmerz muß dir zur Seele gehn,
Ach laß mich in die Zukunft sehn.

Harmon. Gleich sollst du in die Zukunft sehn,
Doch ist dein Herz von aller Rachsucht
frey?

Nermen. Es ist von aller Rachsucht frey.
Harmon Du mußt jetzt jedem Feind vergeben.
Nermen. Dem größten Feind will ich vergeben.
Harmon. Gieb mir als König deine Hand.
Nermen. Ich geb als König dir die Hand.
Harmon Wohlan, ich werde deutlich sehen,
Ob dich dein Wort nicht wird gereuen?
Sieh diesen Armen vor dir stehen,
Wirst du auch diesem Mann verzeihen?

Nermen. Wie? der Mörder meines Lebens,
Der meine Gattin mir entwand?
Man schonte ihn; allein vergebens!
Er sterbe jetzt von meiner Hand.

Harmon Mein König, denk an dein Versprechen.

Nermen. Ich muß mich am Verführer rächen.

Harmon. Dem Meineid folget Unglück nach.

Nermen. Sein Tod bezahle meine Schmach.

Batto. Hier, König, liege ich im Staube,
Strömt hier ein Tropfen falsches Blut,
So werde ich dem Tod zum Raube,
So strafe mich der Götter Wuth;
Ganz war ich schon als Knabe dein,
Und ich sollte treulos seyn?

Nermen. Hinweg! fort! Aus den Augen mir!
Sonst mordet dich mein Grimm allhier.

Harmon. Doch könnte er wohl schuldlos seyn?

Nermen. Dann würd' ich mein Vergehn bereun.

Harmon. Nun, Donner, fange an zu brüllen,
Folgt, Elemente, meinen Willen,
Schleppt heulend den Verräther dar,
Der meines Königs Unglück war.

Batto. Nermenos.
Welch Schauder bebt mir durchs Gehirne!
Treibt Todesschweiß aus meiner Stirne!

Harmon. Ihr Götter! stellet schaubernd dar!
Wer meines Königs Todfeind war.

Der Schatten. Mein König, höre mein Ver-
brechen,
Ich hintergieng dich, ach, verzeih!
Frey ist der Mann hier vom Verbrechen,
Und deine Gattin war dir treu.
Ich raubte selbst durch Gift mein Leben,
Um der Verzweiflung los zu seyn.
Und werdet ihr mir nicht vergeben,
So wartet meiner ew'ge Pein.

Nermen. Der Schatten meines Lieblings hier?
Geh, Mörder! ich vergebe dir.

Schatten. O König, hasse Schmeicheley,
leb wohl! — nun bin ich marterfrey.

Nermen. Mein trauter Batto, ach verzeih!

Batto. Ja, ewig ist mein Herz dir treu.

Harmon. Nun, König, sollst du mich auch kennen,
Dein Vater hatte mich verbannt;
Doch konnt' er mich nicht treulos nennen,
Weil Treue mich stets an ihm band.
Was ich dir zeige um und um,
Sey künftighin dein Eigenthum;
Es zeige sich in seinem Glanze,
Der Höllenberg und Glück um ihn,
Es zeige mit der Unschuld Kränze,
Mit Kindern sich die Königin.
Der Unterthanen frohes Leben,
Ruf laut: lang soll der König leben!

Schlußchor.

Erhebt unsern König mit Jubelgetöne,
Er schaffet uns Freuden und Glück ohne Zahl,
Drum singen die Alten und hüpfen die Söhne
Und gehen dann sorglos zum ländlichen Mahl,
Lobsingt unserm Fürsten mit Jubelgetöne
Er ist wieder Vater und froher Gemahl.

Ich fraß' ihm ins Gesicht hinein,
Und schlage ihm die Zähne ein,
Hab' ich ihn dann recht zugericht
So lache ich ihm ins Gesicht. Hahaha.

Terzett.

Klingkl. Hab' ich Brod in meiner Tasche,
Einen guten Freund dabei,
Und rein Wäßer in der Flasche,
O, so bin ich froh und frey.

Doch weit beßer wär ein Braten,
Und dazu ein Gläschen Wein,
Muß ich aber dies entrathen,
O so geb ich mich darein.

Polema. Nowara.
Freund! die Tafel ist gedeckt,
Komm, und eße was dir schmeckt,
Iß Pasteten, Braten, Torten,
Trink dazu den besten Wein.
Ich probiere alle Sorten,
Und versuche jeden Wein.

Duett.

Kinder der Königin.
Kaum hatten wir das Licht der Welt erblickt,
So war Verzweiflung unser Loos,
Auch unsre Mutter wurde sehr gedrückt,
Man stellte sie den Feinden blos.
Man schwang die Dolche über unser Haupt,
Man schwur uns dreyen schon den Tod,

Doch hat die Gottheit dieses nicht erlaubt,
Sie schützte uns in unsrer Noth,
Nun wandern wir als arme Waisen fort,
Und meiden unser Vaterland.
Wir suchen Schutz an einem fremden Ort
Und dulden muthig, Hand in Hand.
Rollt auch der Mutter eine Thräne dann,
Von dem verwais'ten Aug' herab,
So blicken wir sie beide zärtlich an,
Und trocknen ihre Thränen ab.
O wüßte doch der gute Vater nur,
Der unschuldvollen Gattin Pein;
So folgte er der Regung der Natur,
So würde er gewiß bereu'n!

Arie.

Nermen. Des Thrones Glanz, der Krone
Strahlen,
Scheint manchem zwar ein Glück zu seyn!
Er fühlte nie des Thrones Quälen,
Er fühlte nie der Krone Pein.
Weit beßer lebt in stiller Hütte,
Der Landmann fern vom Glückesschein,
Bey Weib und Kindern in der Mitte,
Schläft er ganz sanft und ruhig ein.

Duett.

Mylia. Wirst du dich nur galant betragen,
So fängt dein Glück bey Schönen an.
Klingkl. Du darfst ja nur die Weiber fragen,
Stets war ich ein galanter Mann.

Mylia. Sagt eine: Du bist mein Vergnügen.
Klingkl. So sag' ich: Du bist meine Lust.
Mylia. Und wird sie dir in Arm sich schmiegen.
Klingkl. Dann drück' ich sie an meine Brust.
Beide. Durch Zärtlichkeit und Artigseyn,
  Schleicht Liebe sich ins Herz hinein.

Quartett.

Nierra. Nun peitschet mit Ruthen, den schänd-
    lichen Mann,
 Er soll dafür büßen, was er mir gethan.
Polema. Nowara.
  Wir peitschen mit Ruthen, den schänd-
    lichen Mann,
 Er soll dafür büßen, was er dir gethan.
Klingkl. Ich kann nichts mehr sehen, kaum
    leb' ich noch,
  Wie wird es mir gehen? Erbarmet euch
    doch!
Drey Weiber. Willst du dich bekehren?
Klingkl. O weh! ja, ja, ja!
Drey Weiber. Die Liebe entbehren?
Klingkl. O weh! Nein! ach ja!
Drey Weiber. Brichst du dein Versprechen,
  So geht es dir schlimm,
  Wir werden uns rächen,
  Mit weiblichem Grimm,
  Wir werden dich binden,
  Mit Ketten und Strick,
  Das sollst du's empfinden,
  Wir machen sot

Recitativ.

Harmon. Bald neigt die Sonne sich,
Bald zeiget sich die Nacht,
Dann ist mein Tagewerk vollbracht,
Bald bringt es zu des Königs Ohren,
Daß ich als Unterthan ihm ew'ge Treue
hab geschworen.

Arie.

Dem Fürsten treu zu bleiben,
War stets mein Losungswort,
Der Menschheit Wohl betreiben,
Belohnt uns hier und dort.
Wer nicht dies Glück fühlt täglich neu,
Weiß nicht, was Bruderliebe sey.
O möchten alle fühlen,
Das Glück der Einigkeit,
Sie würden alle zielen,
Nach dieser Seligkeit.
Dann wär die Erd' ein Himmelreich,
Durch Menschenliebe alles gleich.

Arie.

Klingel. Ihr Männer seyd nicht wie der Wind,
Seyd euerm Liebchen treu,
Sonst werdet ihr am Ende blind,
Habt Schand und Spott dabey.
Ach hütet euch vorm Liebesstrick,
Sonst kriegt ihr auch fid! fid!

Der Mann ist oft wie eine Maus,
Die Katze spielt das Weib,
Und kaum ist er zum Haus hinaus,
So hat sie ihm beym Leib.
Dann packt sie ihn im Augenblick,
Macht mit den Pfötchen, fick! fick!

Finale.

Nermen. Du Edler, sonder gleichen,
  Du hast ein gutes Herz,
  Ich will die Hand dir reichen,
  Mich rührt dein bittrer Schmerz.

Klingkl. Für dieses höchste Glücke,
  Sey dir der Götter Lohn,
  Ach solche Augenblicke,
  Versüßen Qual und Hohn.

Nermen. Dein König will dich führen,
  Als Vater und als Freund,
  Dies Schauspiel wird dich rühren,
  Weil ich es gut gemeint.

Klingkl. Mein König wird mich führen,
  Als Vater und als Freund,
  Dies Schauspiel muß mich rühren,
  Weil er es gut gemeint.

Mylia. Sieh dort den König gehen,
  Komm, holen wir ihn ein,
  Ich will es ihm gestehen,
  Daß ich dich lieb' allein.

Batto. Ach, laß mich lieber gehen,
Mein Unglück fodert dies,
Wird mich der König sehen,
So ist mein Tod gewiß.
Mylia. Begiengst du ein Verbrechen?
Batto. O nein! das that ich nicht,
Und doch kann ich nicht sprechen,
Was mir am Herzen liegt.
Laß mich alleine leiden,
Vergiß mich, lebe wohl!
Mylia. Ich lasse dich nicht scheiden,
Ich will kein Lebewohl!
Batto. Laß mich alleine scheiden,
Vergiß mich, lebe wohl!
Harmonesus. Klingklang.
Komm, Freund, wir wollen gehen,
Zum König führ ich dich.
Wird er dich schuldlos sehen,
So siegst du sicherlich.
Mylia. Ich werde mit euch gehen.
Harmon. Das kann noch nicht geschehen.
Führ du den blinden Ehemann,
Zum goldnen Bach, geschwind,
Benetze seine Augen dann,
So sieht er Weib und Kind.
Batto. Leb wohl, mein Alles, lebe wohl!
Mylia. Leb wohl, mein Alles, lebe wohl!
Mylia. Batto. Harmonesus.
Nur ein paar Augenblicke Zeit,
So lacht uns Amors Seeligkeit.

Recitativ.

Nermen. Wie? Harmonesus noch nicht hier?
Wie er so lange weilt, mein Schicksal
mir zu sagen!
Was war das? Trauertöne! Klagen!
So bang, so ängstlich pocht's in' mir!
Hu! welche kalte Hand fuhr mir über
mein Gesicht.
Harmonesus! Harmonesus! Harmo-
nesus!
Komm, dein König ruft, verlaß ihn nicht.

Harmon. Mein König, was ist vorgegangen?
Die Furcht entfärbet deine Wangen.

Nermen. Ich hörte erst Posaunentöne,
Ich hörte klägliches Gestimme,
Mein Schmerz muß dir zur Seele gehn,
Ach laß mich in die Zukunft sehn.

Harmon. Gleich sollst du in die Zukunft sehn,
Doch ist dein Herz von aller Rachsucht
frey?

Nermen. Es ist von aller Rachsucht frey.
Harmon Du mußt jetzt jedem Feind vergeben.
Nermen. Dem größten Feind will ich vergeben.
Harmon. Gieb mir als König deine Hand.
Nermen. Ich geb als König dir die Hand.
Harmon Wohlan, ich werde deutlich sehen,
Ob dich dein Wort nicht wird gereuen?
Sieh diesen Armen vor dir stehen,
Wirst du auch diesem Mann verzeihen?

Nermen. Wie? der Mörder meines Lebens,
Der meine Gattin mir entwand?
Man schonte ihn; allein vergebens!
Er sterbe jetzt von meiner Hand.

Harmon Mein König, denk an dein Versprechen.

Nermen. Ich muß mich am Verführer rächen.

Harmon. Dem Meineid folget Unglück nach.

Nermen. Sein Tod bezahle meine Schmach.

Batto. Hier, König, liege ich im Staube,
Strömt hier ein Tropfen falsches Blut,
So werde ich dem Tod zum Raube,
So strafe mich der Götter Wuth;
Ganz war ich schon als Knabe dein,
Und ich sollte treulos seyn?

Nermen. Hinweg! fort! Aus den Augen mir!
Sonst mordet dich mein Grimm allhier.

Harmon. Doch könnte er wohl schuldlos seyn?

Nermen. Dann würd' ich mein Vergehn bereun.

Harmon. Nun, Donner, fange an zu brüllen,
Folgt, Elemente, meinen Willen,
Schleppt heulend den Verräther dar,
Der meines Königs Unglück war.

Batto. Nermenos.
Welch Schauder bebt mir durchs Gehirne!
Treibt Todesschweiß aus meiner Stirne!

Harmon. Ihr Götter! stellet schaubernd dar!
Wer meines Königs Todfeind war.

Der Schatten. Mein König, höre mein Verbrechen,
Ich hintergieng dich, ach, verzeih!
Frey ist der Mann hier vom Verbrechen,
Und deine Gattin war dir treu.
Ich raubte selbst durch Gift mein Leben,
Um der Verzweiflung los zu seyn.
Und werdet ihr mir nicht vergeben,
So wartet meiner ew'ge Pein.

Nermen. Der Schatten meines Lieblings hier?
Geh, Mörder! ich vergebe dir.

Schatten. O König, hasse Schmeicheley,
Leb wohl! — nun bin ich marterfrey.

Nermen. Mein trauter Batto, ach verzeih!

Batto. Ja, ewig ist mein Herz dir treu.

Harmon. Nun, König, sollst du mich auch kennen,
Dein Vater hatte mich verbannt;
Doch konnt' er mich nicht treulos nennen,
Weil Treue mich stets an ihm band.
Was ich dir zeige um und um,
Sey künftighin dein Eigenthum;
Es zeige sich in seinem Glanze,
Der Höllenberg und Glück um ihn,
Es zeige mit der Unschuld Kränze,
Mit Kindern sich die Königin.
Der Unterthanen frohes Leben
Ruf laut: lang soll der König leben!

Schlußchor.

Erhebt unsern König mit Jubelgetöne,
Er schaffet uns Freuden und Glück ohne Zahl,
Drum singen die Alten und hüpfen die Söhne
Und gehen dann sorglos zum ländlichen Mahl,
Lobsingt unserm Fürsten mit Jubelgetöne
Er ist wieder Vater und froher Gemahl.